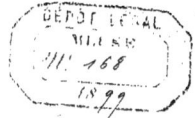

AGRÉGATION DES FACULTÉS DE DROIT

(SECTION DU DROIT PUBLIC)

CONCOURS DE 1899

LA CHAMBRE DES PAIRS

SOUS LA RESTAURATION

ET LA MONARCHIE DE JUILLET

COMPOSITION

DE DROIT CONSTITUTIONNEL

FAITE EN 7 HEURES

Le 3 Octobre 1899

PAR

Joseph DELPECH

LAURÉAT DE LA FACULTÉ DE DROIT DE TOULOUSE (*Concours de licence*, 1890, 1891, 1892)
LAURÉAT DE L'ACADÉMIE DES SCIENCES, BELLES-LETTRES ET ARTS DE BORDEAUX, 1894
LAURÉAT DE L'ACADÉMIE DE LÉGISLATION DE TOULOUSE (*Concours des lauréats universitaires*, 1895)
SECRÉTAIRE DE LA Revue générale de droit international public
CHARGÉ DE CONFÉRENCES A LA FACULTÉ DE DROIT DE PARIS, 1896, 1898-1899,
(*Principes du droit public; Éléments de droit constitutionnel*).

∽⊸⊙⊙⊙⊙⊙⊸∾

PARIS

LIBRAIRIE DE LA SOCIÉTÉ DU RECUEIL GÉNÉRAL DES LOIS ET DES ARRÊTS

FONDÉ PAR J.-B. SIREY, ET DU JOURNAL DU PALAIS

Ancienne Maison L. LAROSE & FORCEL

22, rue Soufflot, 22

L. LAROSE, Directeur de la Librairie

1899

IMPRIMERIE
CONTANT-LAGUERRE

BAR LE-DUC

La Chambre des Pairs sous la Restauration et la Monarchie de Juillet.

Tandis qu'au lendemain de la Révolution, le problème de la division du corps législatif en plusieurs assemblées avait divisé les constituants et entraîné, en définitive, l'adoption du système de l'unité de Chambres, la question ne fit aucune difficulté lors de la Restauration et sous la Monarchie de Juillet. En effet, les esprits s'étaient accoutumés, depuis l'an III, à la division du pouvoir législatif, et des systèmes variés avaient tour à tour été appliqués quant à la composition de ces assemblées. L'exemple des pays étrangers pouvait aussi être invoqué notamment celui de l'Angleterre, où la royauté se partageait encore effectivement la souveraineté avec deux Chambres dont la première, la Chambre aristocratique, n'avait encore perdu ni son prestige ni son autorité au profit de la seconde, la Chambre populaire. Ainsi l'utilité d'une seconde Chambre ou Chambre haute, apparaissait aux Français du début du siècle comme compatible avec le principe de la représentation une et intégrale des volontés nationales, et conforme aussi au mécanisme d'un bon gouvernement ; car ils y voyaient, d'une part, une garantie de prudence dans l'élaboration des lois, et, d'autre part, la traduction, au sein du Parlement, des diverses tendances ou des intérêts coexistant dans le corps de la nation. La Chambre haute était ainsi destinée à faire triompher l'esprit de tradition, à maintenir les idées de conservation sociale et à fournir une représentation plus spéciale de la classe aristocratique de la nation.

Or, en 1814, les événements politiques, favorables au développement de ces idées, ramenaient en France la royauté ; Paris étant occupé par les armées alliées, le Sénat impérial, à l'instigation de Talleyrand, vice grand-électeur, avait nommé un gouvernement provisoire, prononcé la déchéance de Napoléon, et adopté, en une seule séance, une constitution qui devait être aussitôt abandonnée. Louis XVIII, proclamé roi dans ces conditions, tint les promesses de la déclaration de Saint-Ouen et donna à la France la Charte des 4-10 juin 1814, laquelle posait le principe d'une monarchie légitime que devait dans la suite compromettre une politique malhabile, si bien qu'en 1830, à la suite d'une révolution, la monarchie devint élective ; alors le régime constitutionnel de la Charte de 1814 fut remplacé par celui de la Charte de 1830. L'un et l'autre de ces textes constitutionnels consacrèrent l'existence d'une Chambre haute, dénommée, ici et là, « Chambre des Pairs ». Mais étant donnés les principes différents dont ils s'inspirent quant aux prérogatives du pouvoir exécutif et les circonstances politiques dans lesquelles ils ont été arrêtés, il n'est guère étonnant que les Chambres des Pairs, créées par l'un et par l'autre, n'aient point la même origine, encore qu'elles aient conservé, à peu de chose près, les mêmes attributions dans le fonctionnement du gouvernement parlementaire établi et reconnu par les deux Chartes.

Il va de soi, en effet, que le principe de recrutement de toute Chambre des pairs varie suivant que la monarchie constitutionnelle, qui gouverne le pays, est plus ou moins discutée dans son droit à cette direction, et aussi suivant que l'évolution politique est avancée au point de rendre la masse de la nation opposée ou non aux droits d'une aristocratie de naissance. A cet égard, la conduite politique de celle-ci joue un rôle très important. — C'est pourquoi les systèmes varient en matière de recrutement des chambres hautes ; ils se compliquent, de plus, de ce fait que, suivant les époques et suivant la puissance du pouvoir exécutif, celui-ci se réserve sur le pouvoir législatif d'extraordinaires moyens d'action. Les uns donnent au monarque chef du pouvoir exécutif le droit de fixer arbitrairement le nombre des pairs, sauf cette restriction, admise par certaines constitutions, que le souverain est lié par l'obligation de faire ses nominations d'après [1] des catégories déterminées à l'avance par la loi constitutionnelle. Les autres admettent que le droit de siéger à la Chambre haute dérive d'un droit de naissance, lequel est déclaré transmissible de mâle en mâle par ordre de primogéniture. D'autres, enfin, repoussant toujours le principe électif pour le corps politique de la nation, reconnaissent le droit de nomination du chef de l'État ; mais ils en restreignent l'exercice notamment à l'égard de ceux au profit de qui il s'exerce, en limitant à la vie du bénéficiaire la collation de la pairie. La combinaison de ces divers éléments a été parfois aussi admise pour aboutir à un système de nomination viagère et respect de certaines catégories.

Or, chacune des conceptions, auxquelles il vient d'être fait allusion, offre des avantages qui ont été amplement discutés lors de l'établissement des diverses constitutions. — La reconnaissance de la pairie par droit de naissance, de la pairie héréditaire, a notamment cet effet de mieux assurer l'existence de l'esprit de tradition et de rendre la Chambre haute indépendante des tentatives que le pouvoir exécutif peut être porté à exercer contre elle pour l'amener à l'adoption d'une politique déterminée ; mais le danger en est aussi, soit que ladite Chambre des pairs ne fasse à l'œuvre de la Chambre populaire, mieux placée par son origine pour juger des aspirations de la nation, une obstruction systématique et aveugle ; soit encore que ses membres ne se désintéressent de l'œuvre législative ou gouvernementale, au point de ne se départir de leur inassiduité que dans le cas

(1) Le manuscrit portait : dans.

où leurs privilèges seraient mis en question. — La reconnaissance du droit pour le pouvoir exécutif de faire des nominations, soit de son propre mouvement, soit sur les candidatures, soit dans des catégories déterminées, admet éventuellement, à la vérité, la consécration officielle du mérite notoire, permet la vocation dans le Parlement des illustrations de la nation. Cependant ce régime n'est point sans inconvénients : il est certain, en effet, que l'intrigue peut, le cas échéant, s'exercer presque aussi aisément auprès du pouvoir exécutif qu'il s'exercerait auprès d'un collège électoral déterminé ; d'autre part, alors même que cet inconvénient n'existerait pas, il demeure indiscutable que les élus du pouvoir exécutif seront assez aisément suspectés de lui obéir avec trop de complaisance, de suivre trop aisément les inspirations par lui suggérées. — Ce n'est point tout, il est, en effet, d'autres vices impliqués par l'un et l'autre de ces modes de recrutement, et ce sont tout autant de causes d'infériorité de la Chambre haute vis-à-vis de la Chambre populaire. L'expérience constitutionnelle a démontré qu'avec le premier système indiqué, les assemblées perdent aisément le caractère représentatif; qu'avec le second, leur action sur la vie législative et gouvernementale est diminuée ; et ces deux inconvénients se manifestent par une diminution de prérogatives quant à l'accomplissement par ces assemblées de leurs fonctions, relativement au contrôle du pouvoir exécutif et à la participation au vote des lois, spécialement des lois de finances. — Il y a là un ensemble d'idées que l'histoire de la Chambre des Pairs sous la Restauration et la Monarchie de Juillet suffirait seule à démontrer ; c'est cette histoire que je me propose d'étudier en suivant tout d'abord l'histoire de son recrutement, en examinant, en second lieu, l'exercice qu'elle a fait de ses attributions.

I.

Le roi s'était réservé, dans la Charte de 1814, les plus larges prérogatives ; l'article 27 de ce texte, en effet, n'apportait nulle restriction à son droit de nomination des pairs. Le roi pouvait, pour écarter au besoin l'ancien élément révolutionnaire, en varier les dignités, conférer la pairie à vie ou instituer, une fois pour toutes, des pairs héréditaires. Ce principe de l'hérédité avait été, à la vérité, dénoncé comme étant d'une consécration irréalisable par un jeune conseiller général de la Haute-Garonne, alors inconnu, M. de Villèle. Celui-ci s'en était déclaré adversaire résolu, dénonçant les anciennes fortunes comme disparues pour la plupart à l'étranger ; les autres, les nouvelles, comme étant d'une origine douteuse. Ces conseils ne furent pas écoutés ; ils ne pouvaient guère l'être, étant donné que la reconnaissance de l'hérédité avait été imposée au roi, par voie diplomatique, dès avant son retour en France. — Par ailleurs, dans l'organisation de la Chambre des Pairs, la Charte observait, sauf en un point, les conditions de recrutement des Chambres hautes, telles que les avaient édictées déjà les constitutions étrangères et les théoriciens politiques. Elle la différenciait également de la Chambre des Députés associée aussi au pouvoir législatif : La Chambre haute était un corps permanent, tandis que la Chambre basse, peuplée de capacitaires, était instituée simplement à temps et déclarée périodiquement renouvelable. Cependant, chose singulière, les conditions d'âge étaient fixées différemment, et ce, au profit de la Chambre des Pairs : tandis que, généralement, lés constitutions exigent des membres des chambres hautes un âge plus avancé que celui des députés, la Charte de 1814, ayant fixé l'éligibilité des députés à quarante ans, avait admis, au contraire, que les pairs pourraient, dès vingt-cinq ans, avoir entrée à la chambre haute et, dès trente, participer à ses votes avec voix délibérative. Cette condition était elle-même réduite au profit des quelques pairs de droit admis à l'assemblée : les membres de la famille royale et les princes du sang, dont l'entrée en séance était subordonnée à un ordre du roi, exprimé pour chaque session dans un message spécial. Cette fixation extraordinaire d'âge pour la participation aux travaux de l'assemblée s'explique aisément par le caractère de la Chambre des Pairs, laquelle était destinée à être la représentation de la noblesse et de l'aristocratie foncière de la nation.

Louis XVIII ne profita pas, d'ailleurs, de la liberté édictée à son profit par l'article 27 de la constitution de nommer des pairs, tantôt à vie et tantôt à titre héréditaire. Par une ordonnance en date du 19 août 1815, il renonça à la première branche de son droit; l'ordonnance décida, en effet, que la dignité de pair serait et demeurerait héréditaire, de mâle en mâle, par ordre de primogéniture. De sa propre volonté, Louis XVIII avait ainsi décidé, quant à la pairie française, comme devait décider, au cours de ce siècle, en Angleterre, la Chambre des Lords laquelle, en 1856, se refusa à reconnaître la création par *patent* d'un lord viager qu'avait voulu faire la Couronne. — Au surplus, la pairie héréditaire ainsi reconnue devait toujours s'appuyer sur une fortune préétablie, constituée par un majorat d'importance variable suivant le titre nobiliaire. Une autre ordonnance du 25 août 1817 décida, en effet, que nul ne pourrait être appelé à la Chambre des Pairs, s'il n'avait, préalablement, à sa nomination, obtenu du roi l'autorisation de former un majorat et s'il n'avait institué ce majorat; exception était faite cependant pour les pairs ecclésiastiques, par un souvenir conscient ou une imitation involontaire de la pairie ecclésiastique anglaise pour laquelle le droit de siéger à la Chambre des Lords dérive de la qualité et de la fonction exercée, non d'une tenure, des biens possédés en cette qualité ou en vertu de cette fonction. — L'obligation de constituer des majorats [1]

(1) *Note ajoutée :* cette obligation fut édictée à nouveau par une ordonnance du 10 février 1824, laquelle faisait de la constitution des majorats la condition *sine qua non* de l'élévation à la pairie.

n'était point, d'ailleurs, elle-même une innovation de la Charte ; elle
avait été posée par la législation du premier Empire, dont les prescrip-
tions n'avaient point obtenu un très grand succès, pas plus que n'ame-
nèrent, du reste, de grands résultats les efforts tentés à cet égard par la
Restauration.

La pairie recrutée dans ces conditions ne professa point tout d'abord
des tendances rétrogrades. Il semble tout au contraire que les idées
libérales ne trouvèrent en ce temps de meilleur asile que dans la
Chambre des Pairs. Ainsi, pour ne citer que cet exemple, la Chambre
haute en 1816 résista avec ténacité et succès, aux sollicitations et aux
menées de la Chambre basse, où dominaient alors les *ultras*, c'est-à-
dire ceux-là des partisans de la monarchie qui ne se montraient pas
satisfaits de la Charte, à laquelle ils reprochaient d'avoir tenu un
compte même implicite de la Révolution ; cette chambre, qualifiée à
raison de ses tendances de Chambre introuvable, voulait, en effet, à ce
moment, faire modifier les règles posées dans la Charte quant à la
durée quinquennale de son mandat et au principe de son renouvellement
partiel annuel par cinquième. Le duc Decazes, alors au ministère, pour
donner plus d'autorité à la Chambre des Pairs, usa d'un moyen qu'avait
fait connaître la pratique constitutionnelle anglaise comme un contre-
poids naturel de la monarchie parlementaire et auquel les écrivains
politiques français de la Restauration avaient donné le nom de *fournée
de pairs ;* le souverain usant de son droit de nomination introduisait
par ce procédé dans la Chambre haute, contre laquelle il n'a pas le
droit de dissolution comme à l'égard de la Chambre basse, un certain
nombre de membres nouveaux, dont l'entrée doit avoir ce résultat d'y
confirmer ou d'y changer la majorité. La Chambre des pairs, ainsi
augmentée de soixante membres, persista dans sa politique libérale.
Cependant était intervenue suivant ses conseils (1816) la dissolution
de la Chambre introuvable ; le pays, consulté ainsi sur les tendances de
ceux qu'il avait antérieurement élus, persista dans la même politique ;

D.

la Chambre introuvable fut remplacée par une autre chambre à qui ses opinions et ses votes méritèrent le nom de Chambre retrouvée. Le parti ultra triomphait; la gauche n'était guère plus représentée. Le duc Decazes avait dû céder la place à M. de Richelieu; mais celui-ci, jugé trop tiède par le centre droit et le parti des *ultras* ligué contre le ministère, avait été remplacé par M. de Villèle. Sous le gouvernement de celui-ci, en 1819, une nouvelle fournée de pairs fut faite. Les tendances de la Chambre des Pairs allaient changer avec les événements; à cette époque se placent, en effet, comme tout autant de causes de mouvements et d'explications du revirement dans les idées de la Chambre haute, l'élection de l'abbé Grégoire dans l'Isère, l'assassinat du duc de Berry; le gouvernement intervint en Espagne pour y soutenir,[au profit de Ferdinand VIII][1], le pouvoir monarchique; Manuel fut expulsé du Parlement pour y avoir tenu des propos empreints d'un trop grand libéralisme [rappel de l'exécution de Louis XVI]. La septennalité et loi du sacrilège, votées par la Chambre des députés, furent consenties également par la Chambre des Pairs. Celle-ci ne devait se reprendre qu'un peu plus tard (1826) et comprendre alors qu'elle n'était point, à raison même de son hérédité, tenue de juger et d'agir, comme le faisait l'assemblée *ultra* élue par application de la *loi du double vote*. Elle fut, à cet effet, éclairée par les manifestations auxquelles donnèrent lieu les obsèques du général Foy. Son retour aux idées libérales se manifesta par la résistance qu'elle fit à plusieurs projets de la Chambre basse, notamment par le refus qu'elle opposa soit à une loi envoyée par[2] cette dernière et portant rétablissement du droit d'aînesse, soit à la loi contre la presse dite de *justice et d'amour*. Mais la royauté allait user à nouveau contre la Chambre des Pairs de cette prérogative de la fournée de pairs, grâce à laquelle le pouvoir exécutif allait se défendre

(1) Ces cinq mots ne figuraient pas au manuscrit.
(2) Le manuscrit portait par erreur : *a*.

contre les votes ou les tendances d'une chambre qui se trouvait forte par l'hérédité et contre laquelle il ne pouvait être exercé une dissolution consultative de la nation. M. de Villèle communiqua ses intentions, sous une forme voilée, à M. de Sémonville, grand référendaire du sceau de la Chambre des Pairs. Une nomination de 76 pairs fut alors faite; Villemain, Lacretelle, Michaud, par exemple, payèrent de leurs places les protestations qu'ils firent entendre; le duc de la Rochefoucauld-Liancourt [1] fut privé pour le même motif de nombreuses présidences dont il était titulaire. — Cependant, la nation avait changé de tendances politiques et la Chambre haute, augmentée par Charles X, devint conservatrice au moment même où le peuple manifestait son adhésion aux idées libérales qu'elle avait jadis soutenues contre la chambre populaire; elle nomma (1827) une Chambre basse composée, pour la plus grande partie des adversaires du ministère. La « monarchie légitime » allait à cette heure succomber par l'effet d'une politique malhabile; l'irritation nationale devenait très grande. Cependant, dans le discours du trône, en mars 1830, le roi Charles X annonçait sa volonté bien arrêtée de ne rien changer à la charte, et subsidiairement cette autre volonté, également arrêtée, de surmonter les obstacles qui lui seraient éventuellement opposés par les assemblées. [Le conflit allait devenir officiel entre le roi et la Chambre, l'un voulant faire prévaloir sa volonté, l'autre voulant, au besoin par la résistance légale et par le refus de voter les impôts, obliger le roi à céder devant la volonté nationale [2]]. La Chambre des Pairs dans l'adresse en réponse l'assura de son dévouement; la Chambre des députés, au contraire, affirma cette condition du gouvernement parlementaire qui est l'existence d'un accord absolu entre les vues politiques du gouvernement et les vœux du peuple représenté par les chambres, spécialement par la Chambre

---

(1) Et non M. de Sémonville, comme il était écrit au manuscrit.
(2) Les mots entre [ ] ont été omis au manuscrit.

populaire; elle déclarait même au roi, en cette occasion que l'accord n'existait pas entre la royauté et la Chambre populaire. Charles X eût dû user immédiatement du droit de dissolution et provoquer une consultation nationale; au lieu de s'éclairer ainsi, il ajourna la chambre, ne procéda que bien plus tard à la dissolution, tandis qu'il faisait précéder les nouvelles élections d'une proclamation destinée à écarter les 221 députés qui avaient voté l'adresse en mars précédent. Ceux-ci furent renvoyés, et la majorité libérale fut accrue; la Chambre des Pairs ne dut pas arrêter le roi dans la défense du ministère Polignac à laquelle il se livrait, elle ne put arrêter les ordonnances du 25 juillet 1830, dont l'apparition détermina la Révolution, au terme de laquelle la Chambre des Pairs s'associant à la Chambre des députés appela au trône Louis-Philippe. Celui-ci acceptait quelque temps après la Charte du 14 août 1830.

L'organisation définitive de la Chambre des Pairs[1] fut réservée par la Charte, pour qu'il y fût procédé par une loi spéciale. Celle-ci, promulguée à la date du 29 décembre 1831, n'intervint qu'après de longues discussions; son point de départ est dans le projet présenté au roi en août 1831 par le chef du cabinet, M. Casimir-Périer, lequel s'était prononcé pour la nomination et pour la nomination illimitée; mais tandis qu'il se déclarait partisan convaincu de l'hérédité, Casimir Périer auquel ces hésitations[2] devaient être amplement reprochées au cours des discussions avouait faire sur ce point une concession aux idées populaires généralement hostiles à l'hérédité. Celle-ci devait, d'ailleurs, trouver des défenseurs éloquents : Guizot, Thiers, Royer-Collard, Berryer[3], qui la présentèrent tour à tour comme monarchique, modératrice, politique et libérale, conciliable avec le principe de la souve-

[1] La Chambre des Pairs fut privée d'une moitié de ses anciens membres; 175 pairs sur 364 refusèrent de prêter serment à Louis-Philippe. — *Note ajoutée.*
[2] Le mot manquait au manuscrit.
[3] Le manuscrit portait par erreur : Odilon-Barrot, dont il est parlé *infrà.*

raineté nationale, conforme à une sage représentation et à une habile organisation des forces de la nation. A la Chambre des Pairs, des adieux furent adressés à la pairie par le duc de Fitz-James s'adressant au duc de Montebello, lequel montra l'erreur à laquelle aboutissait la suppression de l'hérédité, la subordination qui allait être ainsi faite de la Chambre des Pairs à l'autorité de la couronne ou de l'assemblée populaire, suivant le système qui serait admis [1]. Or, ceux qui combattaient l'hérédité manquèrent souvent d'unité de vues : les uns, en effet, en signalaient et exagéraient les dangers; les autres, au contraire, en réclamaient la suppression, motif pris de ce que la classe au profit de laquelle elle existait et était défendue n'avait point une organisation numérique suffisante. L'hérédité fut supprimée; la pairie ne devait plus être héréditaire, mais seulement viagère; elle devait être aussi gratuite (octobre 1831). Comment devait-elle être recrutée?

De ce chef, on entendit tour à tour défendre les systèmes les plus divers : attribution à des agglomérations locales d'un droit de présentation [2]; recrutement de la Chambre des pairs par cooptation; approbation des nominations par la Chambre des députés [3]; élection de la chambre haute par le même collège que la chambre basse; le système le plus original fut celui d'Odilon Barrot, lequel proposait de faire élire la pairie par les conseils généraux qui venaient d'être organisés. Tous furent repoussés comme impraticables, soit parce que leur application eût abouti à ne pas distinguer suffisamment les deux Chambres; à violer l'égalité nécessaire entre les Assemblées dans le régime représentatif; soit parce qu'il parut nécessaire [4] d'écarter les préoccupations politi-

---

(1) La phrase est incomplète au manuscrit.
(2) C'était le système proposé alors par Daunou et le maréchal Clauzel, celui dont Saint-Marc Gérardin se déclarait plus tard, partisan, en 1845, dans son livre *La pairie en France,* où il faisait le procès d'une « pairie trop parisienne ». — *Note ajoutée.*
(3) Thouvel défendit, en effet, ce mode de recrutement. — *Id.*
(4) Le manuscrit portait : convenait.

ques du fonctionnement de corps comme les conseils généraux; et l'on arriva ainsi au procédé de la nomination des pairs faite, d'après des catégories, par le pouvoir exécutif en conseil des ministres. — Cf. les vingt-deux catégories énumérées dans l'art. 23 de la charte. — La pairie devenait ainsi une pairie de fonctionnaires, de manufacturiers et de commerçants, comprenant tous ceux qui occupaient ou avaient occupé quelque importante fonction militaire, administrative ou judiciaire, et aussi les censitaires, les propriétaires et grands manufacturiers. C'est une idée qui devait réapparaître partiellement en 1873, quand M. de Broglie, se souvenant des idées de son père, faisait dans le Grand Conseil une part aux citoyens les plus haut imposés. — Le recrutement ainsi établi eut une répercussion sur l'œuvre des pairs : au point de vue technique, leur œuvre fut irréprochable, mais l'indépendance à l'égard du pouvoir exécutif leur fit trop souvent défaut; de plus [1], à raison de leurs fonctions, leur assiduité fut trop rare; enfin, disparurent progressivement les pairs ecclésiastiques. D'autre part, la nation se désintéressa de plus en plus de leur œuvre, si bien qu'au moment où éclata la révolution de 1848, le peuple ne se préoccupa pas de la Chambre des Pairs, soit parce que, ignorante des passions violentes du peuple, elle était demeurée trop fidèle à la politique modérée, soit aussi parce que les conditions de sa nomination paraissaient quelque peu illusoires et notamment cette obligation imposée au pouvoir exécutif d'indiquer les titres sur lesquels était fondée chaque nomination; la disposition portée dans l'article de la Charte facilitait singulièrement à la royauté l'emploi de clauses de style. Aussi, c'est sans peine que devait être admise en 1848 l'unité de chambre sur le rapport de M. Marcel Barthe.

(1) Le manuscrit portait : de même.

II

Cependant, il ne suffit pas de connaître l'histoire du recrutement de la Chambre des Pairs; il faut aussi se préoccuper de ses attributions sous la Restauration et la Monarchie de Juillet. La Chambre des Pairs exerça, en effet, un rôle important dans le fonctionnement du gouvernement parlementaire, introduit, quoique d'une manière peu nette et avec des dispositions contradictoires, dès la Charte de 1814. Elle participait au pouvoir législatif au même titre que la Chambre des députés, et la preuve en serait au besoin fournie par les dispositions qui déclarent nécessairement concomitantes les sessions des deux assemblées convoquées en même temps, ou attachent à la dissolution de l'une (la chambre basse) cet effet d'entraîner la prorogation de l'autre, un seul cas étant réservé : celui où la Chambre des Pairs siégeait comme Haute-Cour de justice, remplissant ainsi accidentellement des fonctions analogues à celles dévolues par la constitution anglaise à la Chambre des Lords. Par bien des points, la Chambre des Pairs de France ressemblait, en effet, à la Chambre des Lords d'Angleterre; il y a néanmoins entre l'une et l'autre de ces chambres hautes cette différence que le rôle de la première fut plus grand, parce qu'on ne lui contesta jamais, au moins au début et d'une manière aussi absolue, le caractère représentatif.

Il est cependant digne de remarque que la part prise par la Chambre des Pairs au fonctionnement du gouvernement parlementaire n'est pas absolument telle que nous la concevons aujourd'hui pour une assemblée législative représentative de la souveraineté nationale. Son action fut entravée par certaines dispositions de la Charte, telles que la non-publicité de ses séances; le caractère secret de ses délibérations disparut, d'ailleurs, avec la Charte de 1830 [1]. C'est sans doute là le précédent que devait dans la suite observer la Constitution de 1852, quant à la publicité des séances de la chambre haute. Elle fut entravée aussi par l'exercice de certaines prérogatives royales : sous l'empire de la Charte de 1814, par l'initiative réservée au roi, ce qui était une cause d'affaiblissement; sous les deux Chartes, par la désignation constitutionnelle de son président (il est vrai que pour la Chambre des députés, le président était désigné par le roi); enfin et surtout par la possibilité [2] de ces fournées de pairs dont Chateaubriand avait fait la théorie, et qui la mettait dans une situation inférieure à celle de la Chambre des députés, l'effet d'une fournée de pairs étant certainement l'introduction d'un élément fidèle à la volonté royale; l'effet d'une dissolution étant, au contraire, toujours incertain au moment où l'appel est fait à la nation. Ce n'était point là, d'ailleurs, la seule cause d'infériorité de la Chambre des Pairs par rapport à la Chambre des députés.

Comme celle-ci, sans nul doute, elle avait le droit de faire entrer ses membres dans la composition du cabinet; comme elle encore, celui d'exercer un contrôle sur la conduite des ministres qu'elle pouvait entendre, interroger et interpeller, interpellation et question étant, au début de la Restauration, choses semblables. Mais voici, d'une part que, sous les deux Chartes, sous la Charte de 1814 (alors que l'initiative appartenait seulement au roi), et sous celle de 1830 (alors que le roi avait consenti au partage avec les deux chambres de cette initiative), l'égalité entre l'une et l'autre n'existait que pour les lois ordinaires. En matière de lois de finances, la priorité avait été, suivant le système anglais et américain, reconnue à la Chambre basse, de telle manière que l'article 17 de la Charte de 1814 (Rpr. Charte de 1830, art. 15, al. 2) avait réservé la « loi d'impôt, qui doit être adressée d'abord à la Chambre des députés »; ce système avait été introduit,

(1) Le manuscrit portait par erreur : 1814.
(2) Le mot exercice figurait au manuscrit.

sous ce motif formellement exprimé et emprunté aux théories politiques anglaises et américaines que si le droit de consentir les charges publiques appartient aux Assemblées, il appartient, plus spécialement, sinon exclusivement, à celle qui est vraiment l'élue de la nation et dont le caractère représentatif ne saurait être mis en doute. — Au demeurant, réserve faite de la priorité, l'égalité n'existait pas, en définitive, entre les Chambres. Le conflit à cet égard ne fut jamais, d'ailleurs, formellement tranché. Ainsi, pour la Chambre des Pairs, pas de droit d'initiative lorsqu'il s'agissait d'une loi portant établissement ou modification d'un impôt nouveau ou préexistant; ce qui, par *a contrario* laissait subsister ce droit, lorsqu'il s'agissait d'une dépense ne résultant que très indirectement d'une loi votée, telle que l'établissement d'une fonction. Ainsi simplement le droit d'amendement, droit de rétablir un crédit ou un impôt que la Chambre des députés aurait supprimé; d'augmenter ou de diminuer ces crédits ou ces impôts. Au demeurant, la Chambre des Pairs, à la différence de ce qu'a fait le Sénat américain qui, ayant simplement le droit d'amendement, est arrivé à [se créer, par un usage habile de ce droit, des prérogatives supérieures à celles de la Chambre des représentants [1]], ne se montra pas très rigoureuse quant à l'exercice de ses droits en matière budgétaire, et il lui advint plusieurs fois, notamment en 1836, alors que des crédits en matière ecclésiastique (entretien des édifices diocésains et des sièges épiscopaux) avaient été supprimés par la Chambre des députés hostile aux idées ecclésiastiques, de laisser passer ces dispositions, sur ce motif exprimé par le ministre que rien ne serait fait, en application de ce vote, avant la loi budgétaire de l'année suivante [2].

[1] Les mots mis entre [] avaient été omis au manuscrit.
[2] Le fait rapporté au manuscrit est de l'année 1834, et non 1836. — Il convient d'ajouter au texte du manuscrit cette remarque que, tandis que la Chambre des pairs renonça assez aisément à ses droits, quand il s'agissait du *vote du budget*, elle le défendit, au contraire, pour les *lois de comptes;* c'est ainsi qu'en 1836, elle fit accepter par la chambre élective la radiation d'une disposition accordant au Trésor public la prescription des intérêts des cautionnements non retirés dans un délai déterminé.

Voici, d'autre part, une autre différence résultant du caractère non représentatif ou, pour parler d'une manière plus exacte, du caractère moins représentatif de la Chambre des Pairs. — Les théoriciens politiques de la Restauration et de la Monarchie de Juillet avaient déjà émis cette idée que le contrôle exercé par la Chambre des Pairs devait être moins efficace, au moins quant à ses sanctions, que celui de la chambre populaire; ils avaient tiré, d'une part, du caractère spécial (représentation d'une classe), d'autre part, de la mission pondératrice et de l'origine non élective de la Chambre des Pairs, cette conclusion que les agents du pouvoir exécutif, les ministres. responsables de leurs actes personnels, fautifs et préjudiciables à la nation, et de ceux du roi qu'ils avaient contresignés, n'étaient pas tenus de donner leur démission, après un vote hostile [de la Chambre haute [1]]. Ainsi, les droits de la Chambre des Pairs, certains pour le choix des hommes, inexistants pour l'appréciation des mesures, ne dépassaient pas la faculté de blâmer. — Ce n'est point à dire cependant que cette Chambre fût sans exercer aucun rôle quant à l'application de la responsabilité ministérielle; car, dépourvue de droits quant à la responsabilité politique, elle faisait, au contraire, aux ministres l'application de la responsabilité pénale. Les Chartes, en effet, introduisant en France le régime de l'*impeachment*, tel qu'il s'était développé en Angleterre et pratiqué aux États-Unis, l'avaient institué juge des poursuites pénales décidées contre les ministres par la Chambre des députés. La Chambre des Pairs, comme la Chambre des Lords avait ainsi à exercer un pouvoir juridictionnel qu'on ne pouvait, d'ailleurs, expliquer par les mêmes origines; ici, c'était une conséquence de l'origine de la Chambre des Lords, issue du *Magnum Concilium*; là, une innovation de la Charte. Comme la Chambre des Lords, d'ailleurs, la Chambre des Pairs jugeait ses propres membres

[1] Ces derniers mots avaient été omis au manuscrit.

en matière criminelle, de même qu'elle en déclarait l'arrestation possible. Ce faisant, jugeant les ministres ou ses membres, elle perdait son caractère d'assemblée législative, pour revêtir celui d'un grand corps judiciaire; d'où, par une nouvelle imitation du droit politique anglais, le droit qu'elle avait de siéger même pendant la dissolution ou la prorogation de l'autre chambre. — Quant à l'exercice de ces attributions, nulle loi, constitutionnelle ou ordinaire, ne déterminait les règles auxquelles la Chambre des Pairs devait obéir, spécialement quant à la question de savoir quels étaient ses droits au point de vue de la qualification des délits et de l'application des peines; aussi la Cour des Pairs put établir à ce sujet une jurisprudence d'après laquelle elle n'était limitée, ni par les énumérations et définitions données par le Code pénal, ni par les déterminations des peines qui y sont faites.

Les mêmes questions se posaient d'ailleurs quant à l'exercice d'une autre attribution que les événements politiques donnèrent trop souvent à la Chambre des Pairs l'occasion d'exercer : le fonctionnement comme Haute Cour de justice (maréchal Ney, Louvel (complots), ministres de Charles X, etc.....). Après bien des discussions, la Chambre des Pairs s'était vu reconnaître compétence pour le jugement des crimes politiques, les crimes de haute trahison et attentats contre la sûreté de l'État. Cette reconnaissance de compétence judiciaire à un corps politique...

Tempus defuit.

BAR-LE-DUC. — IMPRIMERIE CONTANT-LAGUERRE.

www.ingramcontent.com/pod-product-compliance
Lightning Source LLC
Chambersburg PA
CBHW050433210326
41520CB00019B/5907